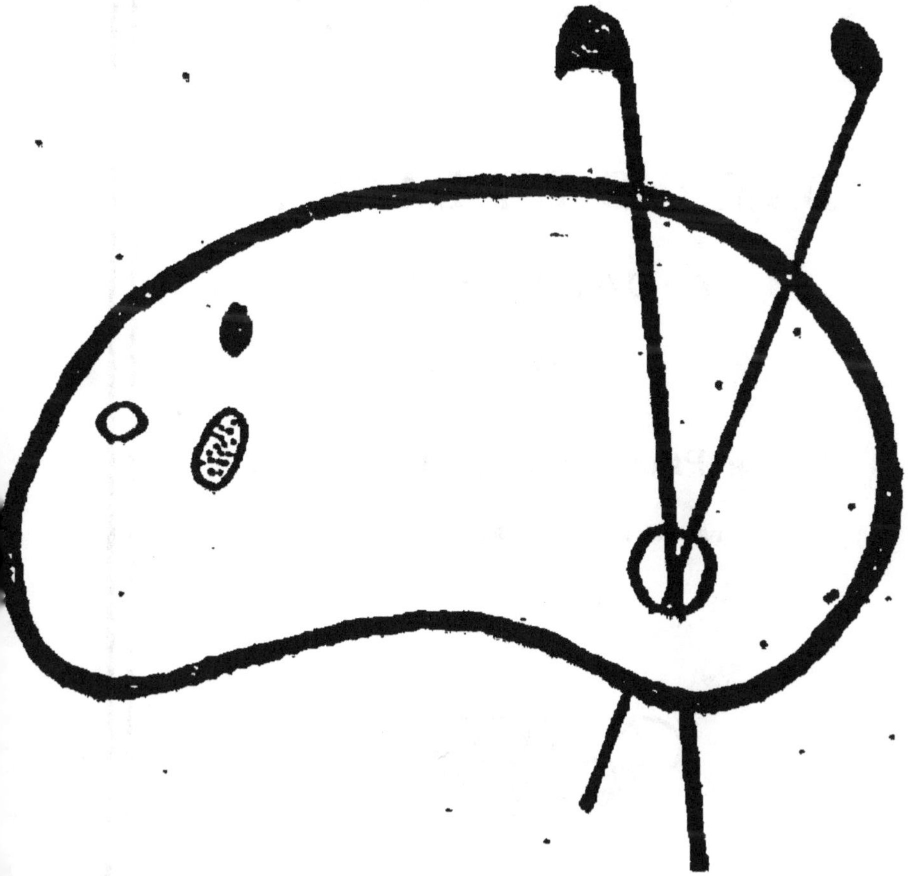

DEBUT D'UNE SERIE DE DOCUMENTS EN COULEUR

LA BASILIQUE

DE

DAMOUS EL-KARITA

A CARTHAGE

1892

Par le Père A.-L. DELATTRE.

PRÊTRE MISSIONNAIRE D'ALGER

CONSTANTINE

Adolphe BRAHAM, Libraire-Editeur, rue du Palais

1892

EN VENTE

AU MUSÉE DE SAINT-LOUIS

POUR LA CONTINUATION DES FOUILLES DE CARTHAGE

Les Tombeaux puniques de Carthage, 124 pages avec 40 dessins, *Lyon*, 1890.................... 2'50

Les Tombeaux puniques de Carthage, 19 pages avec 11 dessins. *Paris*, 1891.................... 1'

Fouilles d'un Cimetière romain à Carthage, 28 pages avec 10 dessins. *Paris*, 1889.................... 0'75

Les Lampes antiques du Musée de Saint-Louis de Carthage, 31 pages avec 23 dessins. *Lille*, 1889.. 2'

Lampes chrétiennes de Carthage, 18 pages avec 16 dessins, renfermant la description de 96 lampes. *Lille*, 1890.................... 0'75

Lampes chrétiennes de Carthage (SUITE), renfermant 35 dessins et la description des lampes jusqu'au n° 335. *Lille*, 1891.................... 0'75

Lampes chrétiennes de Carthage (SUITE, N° 3), avec 31 dessins et la description des lampes jusqu'au n° 660. *Lille*, 1891.................... 0'75

Souvenirs de la Croisade de Saint-Louis, trouvés à Carthage, 17 pages. *Tunis*, 1890.................... 1'

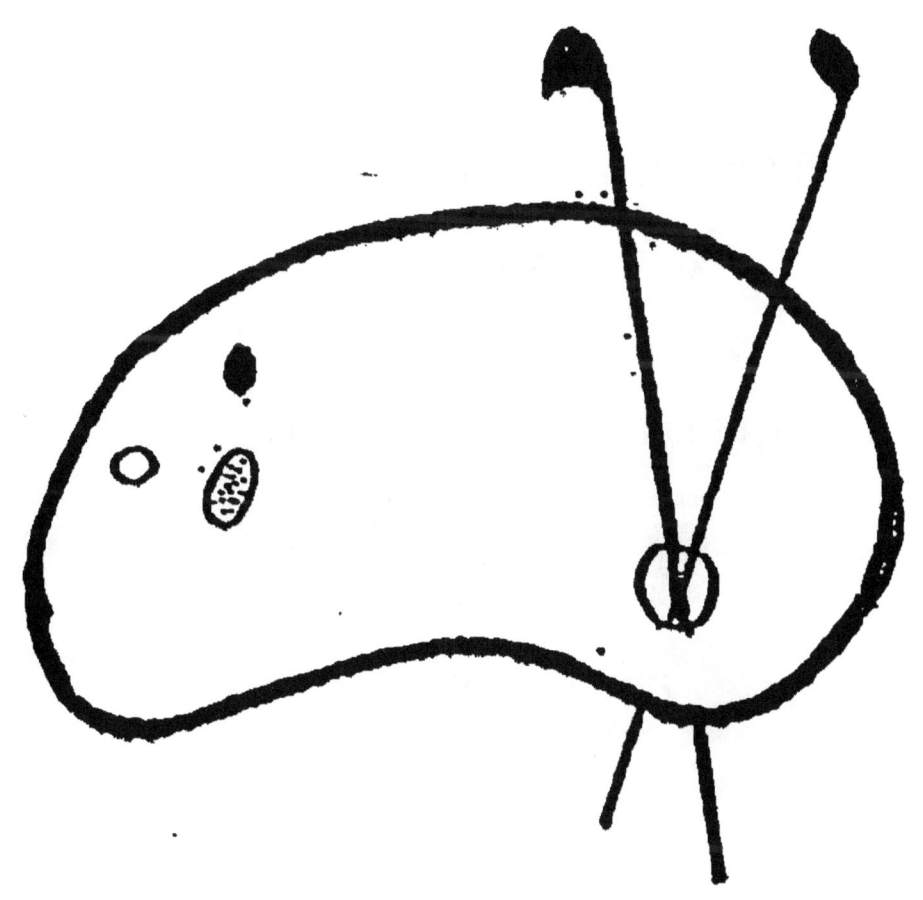

FIN D'UNE SERIE DE DOCUMENTS
EN COULEUR

LA BASILIQUE

DE

DAMOUS EL-KARITA

A CARTHAGE

1892

Par le Père A.-L. DELATTRE,

PRÊTRE MISSIONNAIRE D'ALGER

CONSTANTINE

DOLPHE BRAHAM, Libraire-Editeur, rue du Palais

1892

LA BASILIQUE

DE

DAMOUS EL-KARITA

A CARTHAGE

1892

Par le Père A.-L. DELATTRE,

PRÊTRE MISSIONNAIRE D'ALGER

Après Rome, il n'est pas d'Eglise plus illustre que celle de Carthage.

Ses Pontifes, ses Conciles, ses glorieux martyrs l'ont rendue grandement célèbre.

Les noms de Cyprien, de Tertullien, de Perpétue, de Félicité, d'Augustin, de Monique, d'Aurèle, d'Eugène, de Deogratias, de Quodvultdeus, avec beaucoup d'autres, font la gloire de cette ville.

Carthage n'eut pas moins de vingt églises dont le nom nous a été conservé.

Plusieurs furent élevées en l'honneur de saint Cyprien : l'une sur le lieu de son martyre, une autre pour honorer son tombeau. Celle dans laquelle pria sainte Monique pour la conversion de son fils Augustin était située sur le bord de la mer, et c'est peut-être la même dont parle Procope, qui la place sur le bord de la mer en dehors des murs.

L'une des principales églises de Carthage fut la *Basilica Major* qui renfermait les corps des saintes Félicité et Perpétue, et dans laquelle saint Augustin prononça plusieurs sermons.

Cette basilique était sans doute la cathédrale, à moins que celle-ci ne fût l'église appelée *Restituta*.

Deux autres églises, très grandes et très renommées, portaient le nom de *Faustus* et de *Novarum*.

Carthage comptait, en outre, les églises des martyrs Scillitains, de Célérina, de saint Agilée, de saint Pierre, dans la sixième région ; de saint Paul ; de la Mère de Dieu, dans le palais ; et, enfin, plusieurs autres.

Saint Augustin prêcha dans la plupart d'entre elles.

Jusqu'à ces dernières années, tous ces temples religieux avaient complètement disparu. On n'en voyait plus aucune trace.

En 1875, les missionnaires d'Alger, chargés de la garde du sanctuaire de Saint-Louis par S. E. le Cardinal Lavigerie, fidèles aux recommandations du savant prince de l'Église, commencèrent à recueillir les objets antiques dont le hasard amenait parfois la découverte, et s'attachèrent surtout à la recherche des anciens monuments chrétiens. Ils ne tardèrent point à reconnaître l'emplacement de plusieurs cimetières chrétiens. Mais la découverte la plus intéressante fut celle d'une antique basilique. Voici dans quelles circonstances elle eut lieu :

Me rendant un jour, en 1878, près d'un Arabe blessé, au village de Sidi-bou-Saïd, je passais à travers champs par le chemin le plus court qui n'était alors qu'une simple piste, lorsqu'arrivé au terrain appelé *Damous-el-Karita* et situé à 250 pas des anciens remparts, je recueillis un petit fragment de marbre ne portant que ces quatre lettres : EVGE. Mais ce débris, devait nous conduire plus tard à la découverte d'une vaste basilique chrétienne. Tout d'abord, nous ne fîmes que des sondages et ces premiers travaux de recherche prouvèrent que la couche de terre labourée chaque année par les Arabes recouvrait des colonnes renversées, des chapiteaux, des mosaïques, des bas-reliefs et des inscriptions.

Son Éminence le Cardinal Lavigerie annonça cette découverte à l'Académie par une savante lettre qu'il adressa, en 1881, à M. le Secrétaire perpétuel, sur l'utilité d'une mission archéologique permanente à Carthage. Lors de cette communication, nous avions déjà trouvé dans le terrain de Damous-el-Karita *quatorze cent quatre-vingt-treize* fragments d'épitaphes chrétiennes, parmi lesquels *deux cent vingt-sept* reproduisaient la formule : FIDELIS IN PACE ; *quatorze* portaient la colombe ; *vingt-sept* la palme ; *cinq* la croix ; plusieurs le monogramme du Christ ; d'autres, enfin, le symbole de l'ancre et du vase.

Depuis ce premier rapport, les fouilles, souvent interrompues, faute de ressources, ont été reprises chaque fois que nous en avons eu les moyens. Ainsi continuées à de longs intervalles, elles ont révélé la disposition complète et les dimensions exactes de cet important édifice religieux.

Aujourd'hui, nous en avons le plan entier, que le lecteur peut voir à la fin de cette notice.

En jetant un coup d'œil sur ce plan, il est facile de remarquer que l'ensemble du monument se divise en trois parties bien distinctes, qui se détachent comme d'elles-mêmes.

C'est : 1° au milieu, la basilique proprement dite ; 2° à gauche, l'*atrium* demi-circulaire, avec son *trichorum* et son *nymphœum* ; 3° à droite, une seconde basilique, contiguë à la première, et renfermant le baptistère.

1° La Basilique

La basilique proprement dite, de forme rectangulaire, avec absides, mesure 65 mètres de longueur et 45 mètres de largeur. Elle est orientée du sud-ouest au nord-est. Sa forme est celle que saint Augustin donne aux basiliques chrétiennes de son temps, c'est-à-dire une aire rectangulaire terminée à une de ses extrémités par une abside.

On n'y comptait pas moins de 9 nefs, séparées par 8 rangées de 12 piliers près desquels ont été retrouvées les colonnes avec la plupart de leurs chapiteaux.

La principale nef, qui est celle du milieu, mesurait 12ᵐ80 d'axe en axe des colonnes.

A l'extrémité *sud* de la grande nef, nous avons déblayé une abside, et nous en avons découvert une autre à l'*est*, à l'extrémité du transept. La prem" était pavée d'une mosaïque dans laquelle figurai des vases, des fleurs et autres ornements de coule variées. La seconde était fermée par un iconosta composé de quatre colonnes, taillées chacune avec son stylobate et son chapiteau dans un monolithe de marbre gris. Le chancel de cet iconostase était formé de panneaux de marbre blanc, ornés d'un côté d'une croix latine pattée, avec double tige sortant du pied, et de l'autre face, qui regarde l'abside, d'un monogramme du Christ (I et X) dont l'ensemble imite une rosace à six cœurs. Les fouilles de cette abside firent découvrir une série de tombes parallèles.

En avant de l'iconostase, se voit une crypte contre laquelle on a adossé, à une époque postérieure, une abside bâtie avec de mauvais matériaux.

C'est au point de rencontre de la grande nef longitudinale et du transept, c'est-à-dire au point central de la basilique, que l'on a trouvé les quatre bases et les autres éléments du *ciborium* qui abritait l'autel. Les colonnes étaient de beau marbre vert. Leur base et leur chapiteau étaient de marbre blanc. L'ensemble de ce *ciborium* devait produire un très joli effet.

L'autel n'a pas été retrouvé. Mais il n'y a à cela rien d'étonnant, car on sait qu'en Afrique, les autels étaient souvent construits en bois.

En entrant par la porte latérale qui regarde l'*ouest*, on voit à droite les restes d'un *trichorum* ou *trifolium* bâti sur un *columbarium* païen, dont nous avons trouvé en place les urnes funéraires avec les ossements calcinés. Nous avons là une preuve évidente que l'*area* chrétienne primitive n'atteignait pas d'abord ce point, qui se trouva plus tard atteint et recouvert par la construction de la vaste basilique.

Je dois aussi signaler, dans l'intérieur de la basilique, plusieurs réservoirs souterrains. A part celui qui est contigu à un des quatre gros piliers du centre et qui était un caveau funéraire paraissant avoir été construit spécialement dans ce but, les autres sont des citernes romaines antérieures à l'élévation de la basilique. Elles ont été conservées et peut-être même utilisées. Dans l'une d'elles, on a recueilli plusieurs couffins de petits cubes de verre émaillé et doré, provenant de riches mosaïques détruites.

Outre la porte latérale de l'*ouest* et les issues communiquant du côté opposé avec les bâtiments adjacents, on avait surtout accès dans la basilique par la façade. Cette porte ou plutôt ces portes, car il y en avait peut-être trois, s'ouvraient sur la cour demi-circulaire ou *atrium* que j'ai indiquée comme formant la seconde partie de l'ensemble de l'édifice sacré.

2° L'Atrium

Cette sorte d'*area* ou d'*atrium* semi-circulaire, à ciel-ouvert, était entourée d'une galerie couverte formée par des colonnes. Au point saillant de sa courbe, c'est-à-dire vis-à-vis de la porte centrale de la basilique, l'*area* donne accès dans un *trichorum* dont la voûte était revêtue de mosaïques de diverses couleurs et dont chaque absidiole paraît avoir renfermé une tombe. Celle du milieu laisse encore voir la place d'un sarcophage. Le mortier qui l'entourait a conservé l'empreinte des strigiles dont il était orné. M. de Rossi pense qu'il y avait là une *mensa martyrum*, c'est-à-dire un tombeau de martyrs. Ce qui tend à confirmer cette conjecture, ce sont les traces des *graffites* qui ont été remarquées sur l'enduit intérieur de cette chapelle et le soin avec lequel on a groupé derrière des tombes à plusieurs étages.

Au milieu de l'*area* ou *atrium*, on a mis à jour la base octogonale d'un *nymphœum* et on a reconnu les trous dans lesquels venaient s'enchâsser les montants du chancel qui l'entourait.

Cette cour communiquait avec l'extérieur au nord-ouest par un corridor dans lequel on a trouvé cette inscription :
  27. *intro*ITVS ADITVS AD SACR////////

3° La Basilique du Baptistère

Quant à la troisième partie de l'édifice sacré, c'est-à-dire à la seconde basilique spécialement destinée à l'administration du sacrement de baptême, elle est contiguë à la basilique principale, mais ses dimensions sont moindres. Elle mesure 35m75 de longueur et 24m55 de largeur.

Au centre, se voit le baptistère de forme hexagonale, avec trois degrés sur deux de ses côtés.

Cette basilique communique directement avec plusieurs chambres qui ont dû servir de vestiaires. Mais la petite chapelle située à l'angle *sud-ouest* offre un intérêt particulier, à cause de son abside, de ses deux niches et surtout à cause des deux armoires qui se reconnaissent à droite et à gauche et qui indiquent, sans doute, l'endroit où l'on conservait les saintes huiles, ainsi que les vases et les linges liturgiques nécessaires pour l'administration du sacrement de baptême.

Tel est l'ensemble des constructions de la basilique de Damous-el-Karita.

Il nous reste encore à fouiller les bâtiments très considérables qui l'entourent, surtout ceux dont on aperçoit les ruines du côté *sud-est*. C'est là que devait s'élever l'habitation de l'Évêque et du clergé.

4° Inscriptions et bas-reliefs

Les fragments d'inscriptions chrétiennes trouvés jusqu'à ce jour se comptent par *milliers*. Dans le premier rapport qu'a publié le *Recueil des Notices et Mémoires de la Société archéologique de Constantine* (vol. XXIV, année 1886), j'évaluais à *six mille* le nombre des fragments recueillis. En 1890, ce chiffre avait plus que doublé. Aujourd'hui, il dépasse *quatorze mille*.

Sur la liste fort longue des textes, mise au courant au fur et à mesure des découvertes, on lit les formules ou mots suivants, qui mériteraient chacun une note spéciale, car ils intéressent l'histoire de l'Église en général et l'Église de Carthage en particulier. Mais je me contenterai de les citer :

BASILICAS	LECTOR	ΠΙΟΤΟC EN EIPHNH
ECLESIAE	REGIO	ΠΙΟΤΗ EN EIPHNH
CANCELLOS	VIRGO SACRA	FIDELIS IN DEO
SANCTISSIMVM	PVELLA SACRA	IN REQVIE
SANCTI	BIDVATA	IN PARADISSV
EPISCOPVS	INNOS IN PACE	REDDIT
PRESBYTER	INNOXA IN PACE	DECESSIT
DIACONVS	INNOCENS IN PACE	RECESSIT
SVBDIACONVS	DVLCIS IN PACE	QIESCIT
ACOLVTVS	FIDELIS IN PACE	LOCVS

MIRE BONITATIS AC TOTIVS INNOCENTIAE

etc.   *etc.*

Cette simple nomenclature, à laquelle on pourrait ajouter d'autres détails épigraphiques, suffit amplement à donner une idée de l'intérêt tout particulier qu'offrent les fouilles de *Damous-el-Karita*.

Les bas-reliefs sont aussi fort nombreux. Ils se comptent par centaines. Ils proviennent pour la plupart de sarcophages semblables à ceux de Rome. Le sujet qui revient le plus souvent est l'image du Bon Pasteur. D'autres montrent Ève après sa désobéissance, le Christ Docteur avec le *scrinium*, le miracle de la multiplication des pains, saint Pierre et le coq, enfin, la Très Sainte Vierge présentant l'Enfant Jésus à l'adoration des Mages. Le plus intéressant que nous ayons trouvé dans nos dernières fouilles représente l'ange venant annoncer aux bergers la naissance du Sauveur. Cette magnifique pièce d'art chrétien est sortie de terre, en 1889, quelques jours avant la fête de Noël. Elle est de même marbre et due au même ciseau que le bas-relief représentant la Mère de Dieu. M. le Commandeur de Rossi, l'illustre archéologue de Rome, attribue ce rare monument chrétien au IVe siècle. Ces deux plaques provenant non pas d'un sarcophage, mais de bas-reliefs décoratifs, forment l'échantillon le plus beau qu'il connaisse de ce genre de représentation dans la sculpture chrétienne.

Beaucoup de dalles funéraires sont aussi ornées de figures symboliques. On y voit les différentes formes de monogrammes et de croix, tantôt entre les lettres apocalyptiques *alpha* et *oméga*, tantôt entre deux colombes. Ici, c'est encore le Bon Pasteur ; là, l'Orante ; ailleurs, l'Agneau, le Poisson, l'Ancre, le

Navire, le Phare, l'Étoile, la Colombe, le Paon, la Palme, la Couronne, la Fleur, le Vase, le Tonneau, l'Amphore, le Boisseau, etc..., etc...

Je ne donnerai pas ici les inscriptions retirées du sol de la basilique. Elles forment une série à part, publiée déjà en grande partie dans les volumes XXIV, XXV et XXVI du *Recueil archéologique de Constantine* et reproduite par le dernier volume des *Inscriptiones Africæ latinæ* du *Corpus* de Berlin. La suite paraîtra également dans le *Recueil de Constantine*. Cette énorme quantité de textes ne conviendrait point ici. Cependant, le lecteur aimera peut-être à connaître les noms que portaient les chrétiens de l'illustre Église de Carthage. La liste complète compte environ quatre cents noms différents. Plusieurs se rencontrent un grand nombre de fois. Mais je n'inscrirai ici que ceux dont la lecture est plus certaine. On remarquera pour quelques-uns une forme orthographique particulière. Le lecteur sera heureux de constater dans cette liste la présence des noms les plus glorieux de l'Église de Carthage :

Liste des noms qui se lisent sur les inscriptions de Damous-el-Karita

ABETDEVS	AGAPITVS	ANTISTIA
ABIARICA	AGRIPPINA	ASINARIVS
ACILEIA	AGVSTA	ATANASVS
ACILLES	ALBORIA	ATENAIS
ADEOTATA	ALEXANDER	ATHENAIS
ADEODATVS	ALMA	AVGVRINVS
ADEVDATA	ALOGIO	AVNIS
ADEVDATVS	ALVINVS	AVRELIA
AEMILIANVS	ANASTASIVS	AVRELIVS
AEMILIVS	ANNEVS	

BANICA	CONCESSUS	FAVSTINA
BALERIA	CONISVS	FAVSTVS
BARBA	CONSTANTIVS	FAVTINA
BACCOC	CORNELIA	FELICIANVS
BASSVS	COTTA	FELICITAS
BENENATA	CRESCENTINVS	FLAVIA
BENENATVS	CRESCONIA	FLORIDVS
BERNACLVS	CRESCONIVS	FORTVNA
BICTOR	CRISCONIVS	FORTVNATA
BICTORIA		FORTVNATVS
BICTORIANVS	DALMATIVS	FORTVNVLA
BINCEMALOS	DATIBVS	
BIO	DEOGRATIAS	GAIVS
BITALIS	DEVABET	GAVDENTIVS
BONIFATIA	DEVDEDIT	GAVDIOSA
BONIFATIVS	DEVSDEDIT	GAVDIOSVS
BONOSVS	DEVTERIVS	GENEROSVS
BRESEIS	DOMINVCVS	GERMANA
	DONATA	GERMANVS
CALCEDONIA	DONATVS	GLORIOSA
CALLISTRATVS	DONTA	GLORIOSVS
CANDIDA	DVLCIS	GRATIOSVS
CANDIDOSA	DVLCITIVS	GVLOSA
CRISPA		GVDVLVS
CYPRIANA	ELIANVS	
CYPRIANVS	EMERITA	HABETDEVM
CARITOSA	EMERITVS	HERENNIVS
CASSIANILLA	EPIFANIVS	HESYCHVS
CASTA	EVGENIVS	HONORATA
CASTVS	EVSEBIVS	HONORATVS
CLARISSIMA	EXITIOSA	HONORIVS
COBVLDEVS	EXITIOSVS	
CODVVLTDEVS		IANVARIVS
COLOMBA	FASIR	ILAROSA

INNOCA	MENA	REDEMTA
INNOCENS	MENDICVS	REPARATVS
IOB	MONICA	RESPECTVS
IOHANNES	MVNIFRIDA	RESTITVTA
ISTEFANVS	MVSTVLA	RESTITVTVS
IVLIANA		RESTVTA
IVSTA	NARCISSVS	RESTVTVS
	NATALICA	REVOCATVS
KYΠPIANOC	NATALIVS	ROMANVS
	NEBEA	RVFINA
	NEPOS	RVFINVS
LAETA	NICOTYCHVS	RVSTICA
LAMPADIVS	NORICVS	RVSTICVS
LATONA	NOVELLA	
LAVR (sic)	NVCERIVS	SABINA
LEA		SECVNDA
LEONTIA	OPTATVS	SECVRITAS
LIBERATA	ORICLO	SERVILIANA
LVCILLVS	OYΓHNOC	STEFANVS
		STHEFANVS
MAIORICA	PASCASIA	SVRICIA
MARCELLA	PASCASIVS	
MARGARITA	PAVLVS	THECLA
MARGARITVS	PELAGIA	THEODORVS
MAPIA	PELAGIVS	THIMOTHEVS
MARIS	PERPETVA	TITIANVS
MART (sic)	PETRVS	TITINIVS
MARTANA	PLACIDVS	TRIVMFALICA
MARTIALIS	POMPEIANVS	TVTVS
MASSA	PRIMA	TZIDDIN
MATRONA	PROCVLA	
MAVRA	PVELLA	YΓEIA
MAXIMA	PVLCERIA	VLPIA
MAXIMVS		VRBANA
MELOCIANA	QVODVVLTDEVS	VRBANVS

VALERIANA	VICTORIA	VINCENTIVS
VALETINA	VICTORIANVS	VITALIS
VENERIA	VICTORINVS	
VESEMES	VILLATICVS	ZABO
VICTOR	VINCENTIA	ZAXEA?

Pour compléter la liste des noms chrétiens de Carthage, j'ajouterai ici ceux qui se lisent sur des monuments trouvés en dehors de la basilique de Damous-el-Karita, sur divers points de l'ancienne ville. Mais, dans cette série comme dans la précédente, je supprime tous les noms que nos inscriptions ne nous ont pas conservés entiers et certains. Inutile de faire remarquer que plusieurs de ces noms reviennent un grand nombre de fois sur les épitaphes que nous avons exhumées :

Liste des noms chrétiens trouvés en dehors de Damous-el-Karita :

ALBVLA	BONIFATIA	EGIPTIA
ALOMIVS	BONIFATIVS	EMERITA
APRONIANVS		
AQVISA	CANDIDA	FELICITAS
AVGVSTA	CASTVS	FELIX
AVRELIA	CODBVL	FLORIDA
	COLONICVS	FORTVNATA
	CRESCENTIVS	FORTVNATVS
BABATVS	CYPRIANVS	FORTVNIVS
BASSVS		
BEATA		GILIVS
BENENATA	DALMATIVS	GRATIOSVS
BICTOR	DATIBA	GVELE
BINCAMVS	DEOGRATIAS	
BINCENTIOLVS	DORSI	IANVARIA
BITALIS	DVLCIS	IVGVRTA

LAVR (sic)	PROCVLA	SVRA
LOCATA		
LVCIANVS	QVINTVS	THEODORA
LVCILLVS	QVIRA	TVTVS
	QVODVVLTDEVS	
MAXIMA		VALERIA
MELOSVS	RENATVS	VARICA
	RESTITVTVS	VENVS (1)
PASCASIA	RESTVTVS	VERNACLE
PASCASIVS	RVFINA	VICTOR
ΠΑVΛΟϹ		VICTORIA
PAVLVS	SAPIDA	VICTORINA
PIPERINVS	SECVNDOSA	VICTORINVS
PRAETEXTATVS	SIMPLICIVS	VITALICA
PRIMIO	SIRVATA	VITALIS
PRIMVS	SVCCESSVS	

Ces noms se lisent sur des tablettes de marbre ou, le plus souvent, sur des dalles soit de *saouân* soit de *kadel*, pierres du pays. Les unes et les autres diffèrent de grandeur. Mais les plus grandes dalles mesurent ordinairement 2 mètres de longueur et 0^{m}60 de largeur.

Les caractères de ces épitaphes sont généralement de bonne exécution. Leur dimension varie selon que l'épitaphe est gravée sur une tablette ou sur une dalle. Dans ce dernier cas, les lettres mesurent rarement moins de 0^{m}07 de hauteur.

Il convient aussi de signaler que, dans cette collection, plusieurs épitaphes portent à la fois deux noms qu'on retrouve également cités au même jour dans les martyrologes, noms de saints ayant souffert

---

(1) On sait que les premiers chrétiens conservaient souvent après leur baptême le nom païen qu'ils portaient avant leur conversion.

à Carthage. Cependant, nous n'avons trouvé aucun signe prouvant que ce sont bien là les pierres tombales de martyrs. On ne peut donc faire, à ce sujet, que des conjectures. Il en est de même du nom de cette vaste église, qui n'a pu encore être reconnu d'une façon qui ne laisse pas lieu au doute. Ce secret nous sera révélé, nous l'espérons, en fouillant le pourtour de la basilique contre laquelle étaient les bâtiments destinés à servir d'habitation aux membres du clergé et qu'il nous reste à étudier.

Le nouveau cimetière catholique a été placé par l'autorité diocésaine à l'extrémité nord-est de la basilique, c'est-à-dire immédiatement derrière le *trichorum* de l'atrium. Il est rare qu'on y creuse une tombe sans retrouver des sépultures chrétiennes et des épitaphes datant de plus de mille ans.

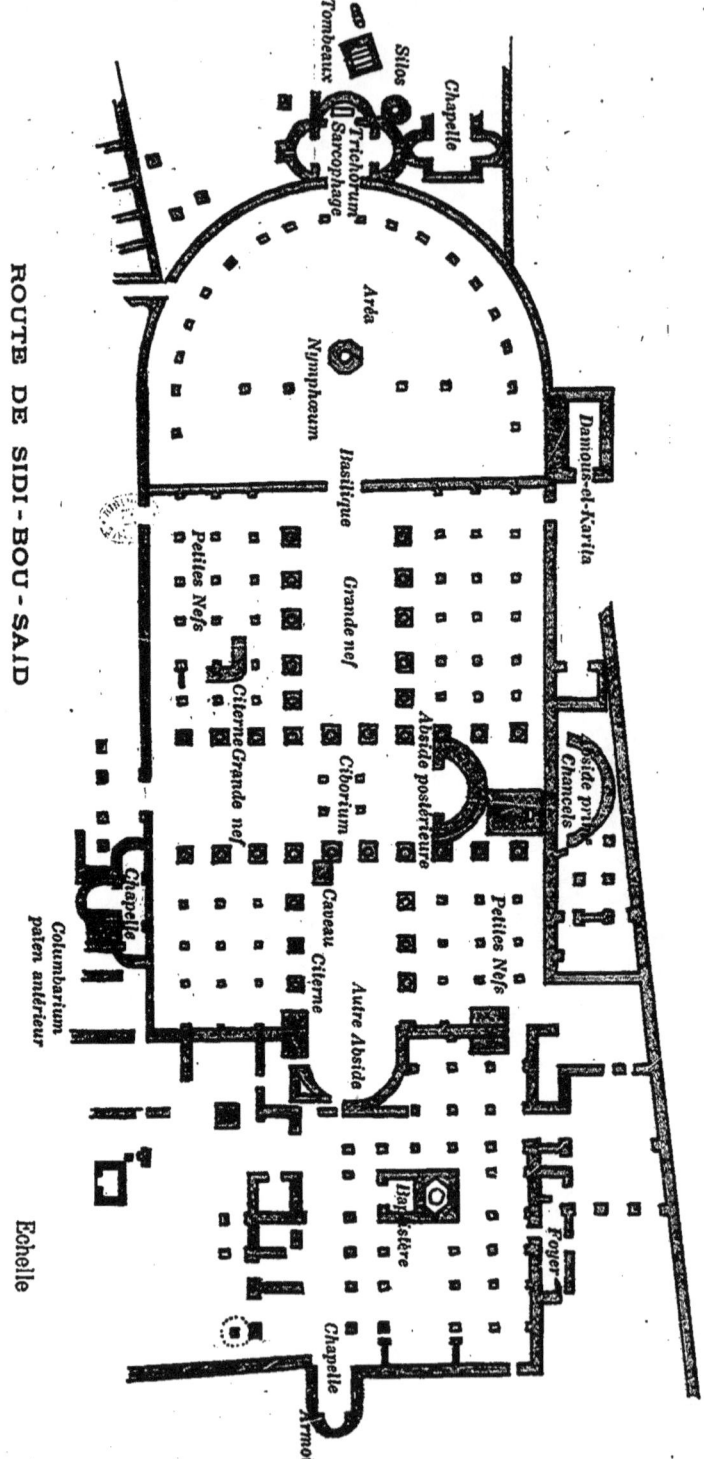

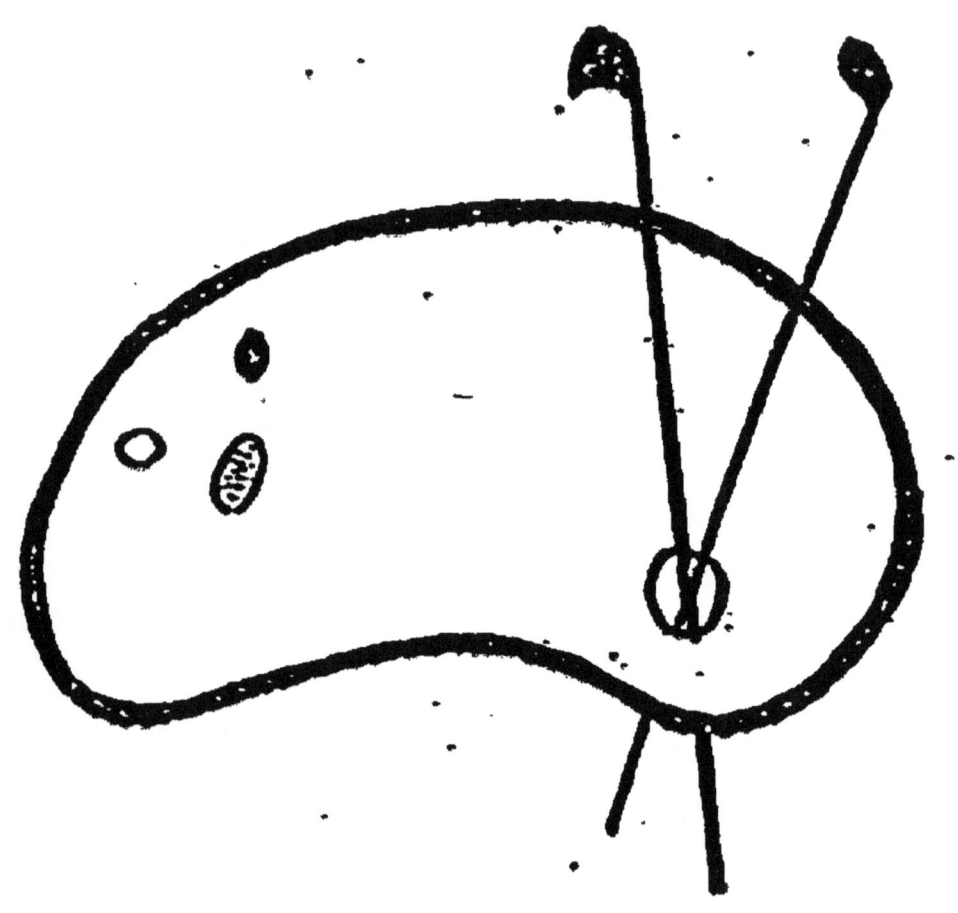

ORIGINAL EN COULEUR
NF Z 43-120-8

www.ingramcontent.com/pod-product-compliance
Lightning Source LLC
Chambersburg PA
CBHW070457080426
42451CB00025B/2782